Este livro pertence a...

....

Copyright © BPA Publishing Ltd 2020

Autora: Pip Reid

Ilustrador: Thomas Barnett

Diretor de Criação: Curtis Reid

www.biblepathwayadventures.com

Obrigado por apoiar a Bible Pathway Adventures®. Nossa série de aventuras ajuda os pais a ensinarem mais sobre a Bíblia aos seus filhos de uma forma divertida e criativa. Criada para toda a família, a missão da Bible Pathway Adventures é ajudar a levar o discipulado de volta aos lares ao redor do mundo.
A busca pela verdade é mais divertida do que a tradição!

Os direitos morais de autor e ilustrador foram declarados, este livro é protegido por direitos autorais.

ISBN: 978-1-989961-24-7

A noiva escolhida

As aventuras de Ester

"...e quem sabe se para tal tempo como este chegaste a este reino?" (Ester 4:14)

Há muito tempo, no reino da Pérsia, vivia um rei rico e poderoso chamado Assuero. Seu reino era tão grande que se estendia da Índia até a Etiópia. Assuero era o maior rei do mundo.

E como o rei era tão poderoso, ele podia fazer o que quisesse. No terceiro ano do seu reinado, ele deu uma festa em seu palácio em Susã, a capital do reino. Assuero convidou os príncipes e líderes da Pérsia para se juntarem a ele. Os príncipes ficaram animados! Eles já tinham ouvido falar sobre as maravilhosas festas do rei, então logo montaram em seus cavalos e correram até Susã para comer e beber com ele.

O rei queria mostrar sua grande riqueza a todos. Ele deu aos príncipes alimentos deliciosos para comer, os melhores lugares para dormir e a maior diversão que eles já tinham experimentado. Músicos tocaram seus instrumentos e todos cantaram, dançaram e beberam de taças cobertas de pedras preciosas.

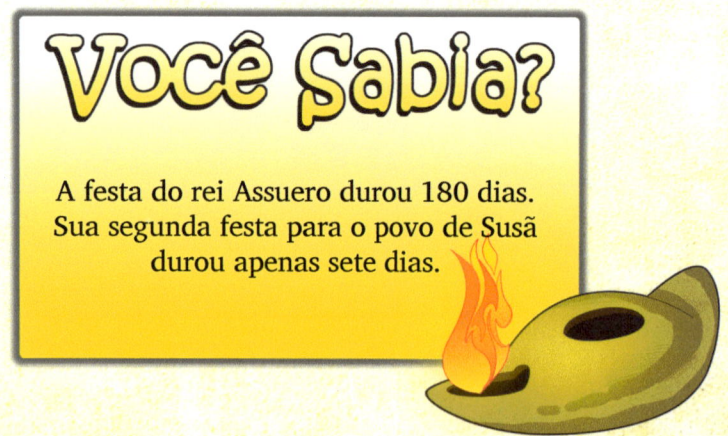

Você Sabia?

A festa do rei Assuero durou 180 dias. Sua segunda festa para o povo de Susã durou apenas sete dias.

Quando a festa acabou, o rei Assuero deu outra festa para o povo de Susã. Ao longo de sete dias a música ecoou pela cidade e as pessoas comeram e beberam até se fartarem. No sétimo dia de festa, o rei, embriagado, enviou uma mensagem à sua linda esposa, a rainha Vasti, dizendo: "Venha me ver, e use sua coroa real".

A rainha Vasti se recusou a ir ver o rei.

— Não — disse ela. — Isto não está certo. Eu não vou.

O rei ficou terrivelmente furioso.

— Como devo punir a rainha por me desobedecer? — gritou ele.

Os Sábios do rei tiveram uma ideia.

— Se outras mulheres souberem o que a rainha fez, poderão tratar mal seus maridos — observaram eles. — Mande-a embora e encontre outra rainha para ajudá-lo a governar o reino.

E foi exatamente o que o rei fez.

Logo, muitas moças bonitas de todas as cidades começaram a chegar ao palácio. Cada moça seria apresentada ao rei, e aquela que mais o agradasse se tornaria a nova rainha.

Entre os oficiais do palácio havia um hebreu chamado Mardoqueu. Ele era da tribo de Benjamim, uma das doze tribos de Israel. O rei Nabucodonosor havia aprisionado a família de Mardoqueu em Jerusalém e a levado de volta à Babilônia, uma terra que mais tarde ficou conhecida como Pérsia. Muitos hebreus ainda viviam na Pérsia.

Quando Mardoqueu soube que o rei estava procurando por uma rainha, ele levou sua bela e jovem prima ao palácio. Seu nome era Hadassa, mas todos a chamavam de Ester.

Mardoqueu deixou Ester aos cuidados de Hegai, o homem que o rei havia escolhido para cuidar das moças. Antes de deixar o palácio, Mardoqueu deu a ela instruções especiais.

— Não importa o que aconteça, não conte às pessoas que você é hebreia nem quem eu sou — aconselhou ele.

Ester assentiu com a cabeça.

— Prometo que não direi uma palavra.

Naquele ano, Ester e as outras moças moraram no palácio e se prepararam para conhecer o rei. Elas se banhavam de um doce perfume, se encharcavam de óleos nobres, e todos os dias escovavam seus cabelos até que estivessem brilhando como pedras polidas. "Será que o rei me escolherá?", perguntava-se Ester.

Depois de doze meses, as moças finalmente estavam prontas para conhecer o rei. Quando chegou a vez de Ester, ela ficou diante dele e não perguntou nada a não ser o que Hegai lhe havia dito.

O rei Assuero gostou mais de Ester que de todas as outras moças. Ela não era apenas bonita; era também muito sábia. Assuero soube então que havia encontrado sua noiva. Colocando uma coroa real sobre a cabeça de Ester, ele a tornou rainha no lugar de Vasti. O reino da Pérsia finalmente tinha uma nova rainha!

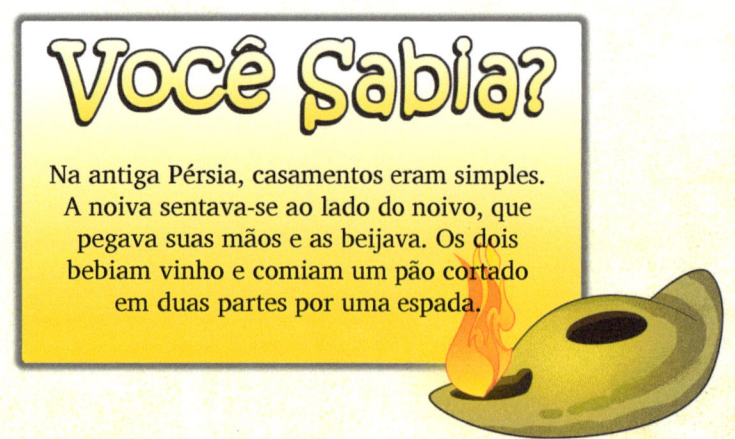

Você Sabia?

Na antiga Pérsia, casamentos eram simples. A noiva sentava-se ao lado do noivo, que pegava suas mãos e as beijava. Os dois bebiam vinho e comiam um pão cortado em duas partes por uma espada.

Enquanto Ester morava no palácio, Mardoqueu passava tempo no portão do rei. O portão do rei era uma grande construção próxima ao palácio onde as pessoas iam para discutir assuntos importantes e aguardar para ver o rei.

Um dia, enquanto Mardoqueu estava sentado ao portão, ele ouviu dois homens tramando assassinar o rei Assuero. Pior ainda, os homens eram servos do rei.

Mardoqueu era um servo leal. Ele precisava agir rapidamente! Ele enviou uma mensagem urgente à Ester, contando sobre o plano maligno dos servos, e ela então contou aquilo ao rei.

O rei Assuero ficou horrorizado.

— Como meus servos se atrevem a me matar!? — disse ele.

Os dois homens foram presos e enforcados, e um relato do ocorrido foi escrito no livro de registros do rei, mas Mardoqueu não recebeu nenhuma recompensa.

O rei Assuero não podia governar o reino da Pérsia sozinho. Ele escolheu um homem chamado Hamã para ajudá-lo a tomar decisões importantes.

— Todos no reino deverão se curvar a Hamã e fazer o que ele disser — declarou o rei.

Hamã era cruel, impiedoso e orgulhoso. Sempre que ele saía pelo portão do rei em Susã, todos se curvavam diante dele. Todos, exceto Mardoqueu.

— Eu sou um hebreu. Eu me curvo apenas para Yah, o Deus de Abraão, Isaque e Jacó — disse ele.

Hamã era descendente dos amalequitas, antigos inimigos dos hebreus. Naquele dia, ele decidiu matar Mardoqueu.

— Se este homem não se curvar diante de mim, o destruirei, assim como a todos os hebreus do reino — declarou ele.

Você Sabia?

Muitos acreditavam que existiam diferentes formas de pronunciar o nome de Deus, incluindo Yah, Yahweh, Yahuah e muitas outras.

Hamã começou a imaginar formas diferentes de destruir os hebreus. Ele inventou um plano terrível. Curvando-se diante do rei Assuero, ele disse:

— Existem pessoas em seu reino que possuem suas próprias leis. Elas não guardam as leis do rei e estão causando problemas. Se você destruí-las, colocarei uma grande quantidade de prata no tesouro real.

O rei Assuero, sentado em seu elevado trono, ouviu atentamente. Então ele tirou um anel do dedo e o deu a Hamã.

— Faça com essas pessoas o que desejar — disse ele.

Hamã sorriu maliciosamente. O anel do rei lhe dava permissão para fazer o que quisesse. Ele não conseguia acreditar em sua boa sorte.

Antes que o rei pudesse mudar de ideia, Hamã redigiu uma nova lei dizendo que dentro de um ano, todos os hebreus — jovens e velhos, mulheres e crianças — deveriam ser mortos e ter seus pertences tomados. A lei foi selada com o anel do rei, assim ninguém poderia modificá-la.

Quando Mardoqueu soube da nova lei que Hamã tinha criado, ele se vestiu com pano de saco e se cobriu de cinzas para mostrar que estava triste, e andou pela cidade chorando alto até chegar à porta do rei. Ele sabia que os hebreus estavam em grandes apuros.

Ester descobriu que Mardoqueu estava do lado de fora do portão do rei e enviou um servo para falar com ele. Mardoqueu contou ao servo o que havia acontecido e quanto dinheiro Hamã havia prometido pagar ao rei.

Mardoqueu deu ao servo uma cópia da lei.

— Leve isto para Ester — disse ele. — Diga a ela para ir até o rei e pedir-lhe que poupe a vida dela e a de todo o seu povo.

Você Sabia?

Hamã era descendente dos amalequitas. Deus mandara o Rei Saul destruir os amalequitas séculos antes, mas ele desobedeceu as instruções.
(1 Samuel 15)

Ester estava com medo de ir até o rei. Ela enviou uma mensagem a Mardoqueu: "Qualquer um que for perante o rei sem sua permissão será morto, a menos que o rei lhe estenda seu cetro de ouro".

Ainda que a vida de Ester corresse grande perigo, Mardoqueu sabia que não havia outra forma de salvar os hebreus. Ele mandou o servo dizer a Ester: "Não pense que escapará por ser a rainha. Você deve pedir ao rei que salve o seu povo. Talvez você tenha chegado ao reino para um tempo como este?"

Naquela noite, Ester admirou Susã de sua varanda. Seu coração batia forte de medo. Deveria ela arriscar a vida para salvar seu povo?

Finalmente, Ester se decidiu e enviou uma mensagem a Mardoqueu. "Reúna todos os hebreus em Susã", dizia a mensagem. "Não comam nem bebam por três dias. Meus servos e eu faremos a mesma coisa, e então eu irei ver o rei. Se eu tiver que morrer, eu morro."

Três dias depois, Ester colocou suas belas vestes reais e foi até a parte interna do palácio para ver o rei. Ela estava com ainda mais medo que antes.

Mas Ester não tinha com que se preocupar. O rei ficou feliz ao ver sua linda esposa. Ele estendeu seu cetro de ouro, e perguntou a ela:

— O que você quer? Eu te darei qualquer coisa que me pedir.

Ester suspirou de alívio. Ela deu um passo à frente e tocou cuidadosamente o cetro de ouro.

— Por favor, venha a um banquete que preparei para você — respondeu ela. — E traga Hamã também.

Mais tarde naquele dia, o rei e Hamã compareceram ao banquete da rainha. Durante a refeição, o rei perguntou a Ester:

— O que você deseja?

Ester respondeu:

— Venha com Hamã a outro banquete amanhã e então eu lhe direi.

Hamã estufou o peito. Ele estava orgulhoso por comer e beber vinho com o rei da Pérsia. Ao chegar em casa, Hamã se gabou de sua grandeza para sua esposa e seus amigos.

— A rainha me convidou para outro banquete — contou ele. Então, se lembrando de Mardoqueu, ele suspirou.
— No entanto, enquanto aquele homem estiver vivo, nada disso tem qualquer significado.

Foi quando a esposa de Hamã teve uma ideia maligna:

— Por que você não constrói uma estrutura de madeira? — sugeriu. — Amanhã, peça permissão ao rei para enforcar Mardoqueu nela. Depois você pode ir ao banquete e se sentir feliz.

Hamã esfregou as mãos uma na outra.

— Que ótima ideia! — exclamou ele alegremente. — Farei o que você disse.

Naquele mesmo dia, Hamã mandou fazer um conjunto de forcas.

Naquela noite o rei se revirou de um lado para outro em sua cama, no palácio. Ele não conseguia dormir. Para passar o tempo, mandou que seus servos lessem para ele o livro dos registros reais. Quando o servo leu que Mardoqueu havia salvado a vida do rei, ele perguntou:

— Qual recompensa foi dada a ele por isto?

— Nada foi feito — respondeu seu servo.

Naquele mesmo instante, Hamã chegou ao palácio para ver o rei. Antes que ele pudesse dizer uma palavra, o rei lhe perguntou:

— Como devo recompensar um homem a quem eu gostaria de homenagear?

Hamã ficou cheio de orgulho, achando que o rei estava falando dele.

— Esse homem é um herói! — respondeu ele. — Leve-o pela cidade a cavalo e diga a todos: este é o homem a quem o rei quer homenagear!

Para surpresa de Hamã, o rei disse então:

— Faça isso por Mardoqueu.

Hamã olhou para o rei com descrença. Ele mal podia acreditar no que ouvira. Aquilo estava completamente fora dos seus planos!

Hamã não teve escolha a não ser obedecer ao rei. De dentes cerrados, ele buscou Mardoqueu e o levou a cavalo pelas ruas de Susã. Primeiro vieram os trombeteiros, seguidos pelos abanadores e um pequeno grupo de soldados a pé. Atrás deles vinha Mardoqueu, cavalgando um dos melhores cavalos do rei.

As pessoas se enfileiraram nas ruas para verem Mardoqueu.

— Este é o homem sendo homenageado pelo rei! — gritava Hamã para a multidão.

A multidão ria. Todos sabiam que Hamã não gostava nem um pouco de Mardoqueu.

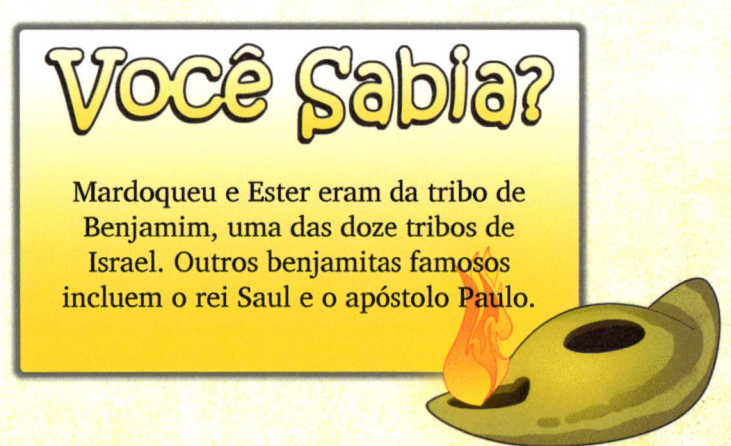

Você Sabia?

Mardoqueu e Ester eram da tribo de Benjamim, uma das doze tribos de Israel. Outros benjamitas famosos incluem o rei Saul e o apóstolo Paulo.

Mais tarde, naquele mesmo dia, Hamã e o rei foram ao banquete que Ester havia preparado. Enquanto eles comiam e bebiam, o rei perguntou novamente a Ester:

— O que você quer? Eu te darei qualquer coisa que desejar.

Ester respondeu:

— Alguém quer destruir a mim e a todos os hebreus do reino. Por favor, salve nossas vidas.

O rei jogou as mãos para o alto.

— Quem faria tal coisa? — gritou ele.

Ester apontou diretamente para Hamã.

— Nosso inimigo é o perverso Hamã!

— O quê?! — explodiu o rei. Ele bateu sua taça de vinho com força na mesa. — Meu servo leal me enganou?

O rei se levantou e marchou para fora do aposento.

O rosto de Hamã empalideceu e seus joelhos começaram a bater de medo. Ele sabia que estava em apuros. Se jogando aos pés de Ester, ele implorou por sua vida.

— Por favor, não me mate — gritou Hamã.

Mas era tarde demais. Quando o rei Assuero retornou ao banquete e descobriu que Hamã havia construído uma forca para usar contra Mardoqueu, ele ordenou:

— Enforquem Hamã nela!

E foi assim que o maligno Hamã morreu naquele dia, conforme o rei ordenara.

Naquele mesmo dia, o rei deu a casa e todos os pertences de Hamã para Ester. Depois ele tirou o anel especial do próprio dedo e o deu a Mardoqueu.

— Você é um homem bom — disse-lhe o rei —, e preciso que me ajude a governar o reino.

Ele colocou uma coroa de ouro sobre a cabeça de Mardoqueu e o cobriu de finas vestes de linho. Daquele dia em diante, Mardoqueu se tornou mais e mais poderoso no reino da Pérsia.

Ester não havia esquecido que os hebreus corriam grande perigo. Com lágrimas nos olhos, ela caiu aos pés do rei e lhe implorou que salvasse suas vidas.

O rei Assuero rapidamente concordou em salvar a vida dos hebreus. Ele fez uma nova lei dando-lhes permissão para se defenderem contra seus inimigos. Mensageiros montados em cavalos velozes entregaram as cópias da lei em todas as províncias do reino.

Quando os hebreus souberam da nova lei, quase transbordaram de alegria. Eles deram uma grande festa e criaram um feriado para celebrar. Mais tarde, no mesmo ano, no dia em que deveriam ter sido mortos, aconteceu exatamente o oposto. Os hebreus se reuniram nas vilas e cidades e destruíram seus inimigos.

Para celebrar sua vitória, Ester e Mardoqueu enviaram cartas a todos os hebreus do reino, dizendo-lhes para que sempre se lembrassem de quando derrotaram seus inimigos. Deus usara a rainha da Pérsia para salvar Seu povo.

FIM

TESTE SEU CONHECIMENTO!
(Combine a pergunta com a resposta na parte inferior da página)

PERGUNTAS

Quem era o rei da Pérsia? ....

Quem desobedeceu ao rei e não foi quando ele chamou? ....

Mardoqueu era de qual tribo de Israel? ....

Quem a rainha Ester convidou para seus banquetes? ....

Como o rei recompensou Mardoqueu por salvar sua vida? ....

O que Ester pediu que Mardoqueu fizesse antes que ela fosse até o rei? ....

O que o rei fez quando Ester foi até ele sem ter sido convidada? ....

Quem queria destruir todos os hebreus do reino? ....

Como o rei impediu a destruição dos hebreus? ....

Qual festa comemora a libertação dos hebreus? ....

RESPOSTAS

1. Rei Assuero (Xerxes)
2. Rainha Vasti
3. Benjamim
4. O rei da Pérsia e Hamã
5. Hamã o levou pelas ruas montado num cavalo
6. Jejum
7. Estendeu seu cetro de ouro
8. Hamã
9. Cartas foram enviadas para toda a Pérsia permitindo que os hebreus se defendessem
10. Purim

Complete o caça-palavras

ESTER
SUSÃ
SÁBIOS
RAINHA
REI
BANQUETE
MARDOQUEU
FORCAS
PURIM
HAMÃ

Bible Pathway Adventures®

Engolido por um peixe

Enfrentando o gigante

Fuga do Egito

O nascimento do Rei

O dilúvio

Naufragado!

O Êxodo

Lançado aos leões

A traição ao Rei

O Rei ressuscitado

Vendido como escravo

Salvo por uma jumenta

A bruxa de Endor

Descubra mais histórias bíblicas da Bible Pathway Adventures!

Confira os livros de atividades da Bible Pathway Adventures

 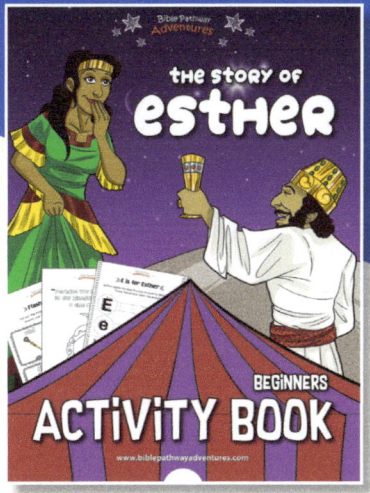 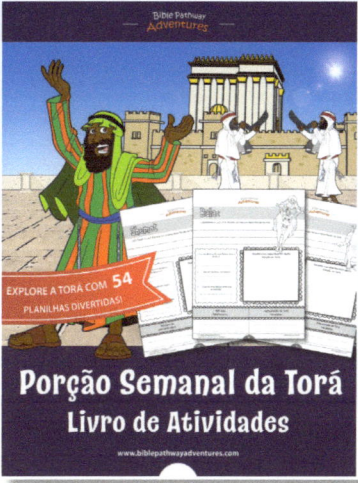 

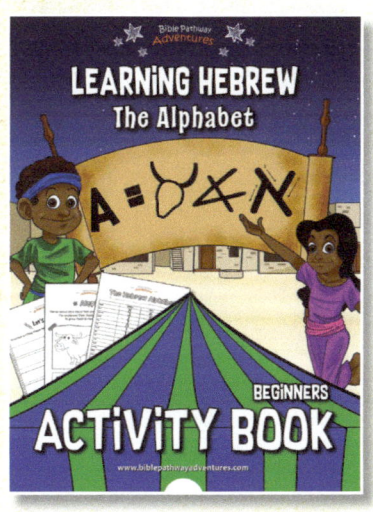   

VISITE

www.biblepathwayadventures.com

www.ingramcontent.com/pod-product-compliance
Lightning Source LLC
Chambersburg PA
CBHW040319100526
44583CB00004BB/154